Todos los libros de Linkgua Ediciones cuentan con modelos de Inteligencia Artificial entrenados por hispanistas. Pregúntale al chat de tu libro lo que desees acerca de la obra o su autor/a.

Para ebooks: Accede a nuestro modelo de IA a través de este enlace.

Para libros impresos: Escanea el código QR de la portada con tu dispositivo móvil.

Obtén análisis detallados de nuestros libros, resúmenes, respuestas a tus preguntas y accede a nuestras ediciones críticas generativas para una experiencia de lectura más enriquecedora.
La transparencia y el respeto hacia la autoría de las fuentes utilizadas son distintivos básicos de nuestro proyecto. Por ello, las respuestas ofrecen, mediante un sistema de citas, las fuentes con las que han sido elaboradas.

Cuba en la paz de Versalles

Fernando Ortiz

Barcelona 2024
Linkgua-ediciones.com

Créditos

Sumario

Brevísima presentación

La vida
Fernando Ortiz nació en La Habana, Cuba, el 16 de julio de 1881; falleció el 10 de abril de 1969 en la misma ciudad.

Cuando solo tenía dos años fue enviado a Menorca con sus abuelos maternos.

Con veinte años regresó a Cuba y aceptó ser cónsul cubano en La Coruña, Génova y Marsella.

De ideas democráticas, ingresó en el Partido Liberal en 1915. En 1931, ante el creciente número de políticos de su partido que mostraba su apoyo al dictador Gerardo Machado, rompió con sus compañeros y se exilió en Estados Unidos.

Realizó notables estudios sobre la cultura afrocubana y la tradición insular, y sus ensayos sobre la presencia de África en Cuba son claves para cualquier estudios del género: *Los negros brujos* (1906), *Los negros esclavos* (1916), *Los bailes y el teatro de los negros en el folclore de Cuba* (1951) y *Estudios etnosociológicos* (1991). Otras obras destacadas son *Hampa afrocubana* (1906 y 1916), *Glosario de afronegrismos* (1924), *Contrapunteo cubano del tabaco y el azúcar* (1940), *Los instrumentos de la música afrocubana* (1952-1955) e *Historia de una pelea cubana contra los demonios* (1959).

El discurso
Cuba en la paz de Versalles es un discurso pronunciado en la Cámara de representantes en la sesión del 4 de febrero de

1920 por Fernando Ortiz, vicepresidente de la Cámara por el Partido liberal. Como hombre político, militante del Partido Liberal luchó por la implantación de la democracia a través de procesos electorales que asegurasen el restablecimiento de las libertades en Cuba. En su discurso pronunciado en la Cámara de representantes, denunció la falta de compromiso de la Liga de Naciones para proteger la identidad cubana y la situación que sufren la naciones más desprotegidas.

Si continuamos entregados a las ambiciones incultas y a los impulsos reaccionarios de la injusticia, nuestra situación en el mundo será más que modesta; seguiremos como hasta ahora, al borde del camino de la vida: perezosos, soñolientos, sin oír los gritos de las naciones que van marchando, y pidiendo, en harapos, una limosna de justicia y un respeto a nuestra soberanía, a las grandes naciones que al galope de su civilización nos van dejando atrás, en la senda del futuro, jadeantes y mordiendo el polvo del progreso que se aleja.

Cuba en la paz de Versalles

Discurso pronunciado en la Cámara de Representantes en la sesión del 4 de febrero de 1920

Señores Representantes:

Después de los párrafos elocuentes del doctor Collantes y de los no menos expresivos del señor Germán López, he de prescindir de algunas consideraciones que me proponía hacer ante la Cámara; pero estimo que de alguna manera, aunque sea de una manera deficiente, por ser mía, debemos, los que ocupamos el ala izquierda de la Cámara, exponer determinados puntos de vista en relación con la gestación diplomática del Tratado, acerca de lo que él significa y del significado que a su vez ha de tener esta tarde el voto de la mayoría de los liberales.

Habríamos deseado, y creemos necesario decirlo, la demora en la votación del Tratado, porque acaso la tarde de hoy no sea la más oportuna para discutir este trascendental documento de nuestra historia. Primeramente, porque ante la Cámara faltan determinados documentos, solicitados, a mi instancia y unánimemente, por la misma Cámara del Poder Ejecutivo; documentos que a mi modesto juicio, son indispensables para que se pueda por el Congreso formar justa opinión y tomar meditadas orientaciones en relación con algunas cláusulas del Tratado, según fueren los datos que el Ejecutivo remitiera. Hace ya algunos meses, habiendo observado ciertos errores de traducción que alteran el sentido de algunos artículos importantes del Tratado, hube de solicitar que viniera el texto auténtico, inglés o francés, a la vista de la Cámara, y el Poder Ejecutivo ha satisfecho esa petición de la Cámara; y hube de pedir igualmente al Ejecutivo, puesto que el Congreso cubano necesitaba conocerlas de una manera bien precisa, cuáles eran las razones que inspiraron a nuestro Delegado en Versalles en relación con tales y cuales aspectos del Tratado, y el Poder Ejecutivo, mejor dicho (porque no quiero hacer extensiva la responsabilidad) la Secretaría de Estado, ha permitido solamente (y, si no estoy mal informado, reconstruido y amañado), el expediente radicado en dicha Secretaría para tratar de todo el mecanismo, de todo el desenvolvimiento de las conferencias de Versalles y de su Tratado de Paz. En ese expediente, en el que se trata hasta de asuntos que nada tienen que ver con las conferencias, ni con el Tratado de Paz, sin embargo, faltan datos precisos y literales sobre cuáles hubieron de ser las determinadas reservas de nuestro Delegado en la capital de Francia y sobre la orientación que éste recibiera de nuestra Cancillería, y por ello el Congreso se encuentra hoy con que no puede apreciar en todo su valor exacto esas reservas cubanas en París. Acaso, según parece, no las conoce siquiera de una manera exacta la propia Secretaría de Estado.

Hube de pedir también, en vista de determinadas afirmaciones de nuestro Delegado en Versalles, referentes al fracaso de una que fue muy posible y viable cláusula, en relación con la prohibición de exportar azúcar que pudo serle impuesta a Alemania y a Austria durante cierto tiempo, y nada de eso consta en el expediente de la Secretaría de Estado, y nada de ello sabe, por tanto, la Cámara, que no sean las ambiguas y poco menos que misteriosas frases de nuestro Delegado al informar públicamente ante las Comisiones de Relaciones Exteriores del Congreso cubano, ante los altos dignatarios del Poder Ejecutivo y ante los Representantes Diplomáticos Extranjeros, ansiosos unos y otros de conocer el llamado con triste hipérbole: el «triunfo cubano en París».

Debíamos también los Representantes estar informados sobre cuál era el competente criterio personal de nuestro Delegado en París referente a los métodos que debemos adoptar en relación con la conducta que le conviene seguir a Cuba para el cobro de las deudas de ciudadanos alemanes, anteriores a la guerra, bien garantizando Cuba a sus propios ciudadanos el cobro de las sumas debidas por alemanes, o bien dejando que los cubanos se defiendan por los intrincados procedimientos judiciales ante los Tribunales germánicos, y nada de eso consta en el expediente de la Secretaría de Estado, ni tienen datos a su alcance los Congresistas. Otros datos habíamos pedido que tampoco han sido remitidos... El Poder Ejecutivo sigue despreciando las solicitaciones de datos que le hace esta Cámara, y los miembros de la minoría no podemos sino lamentarnos de ello, a la vez que de la lastimosa dejación que hace el Congreso de sus propios derechos, ante el evidente olvido de sus constitucionales prestigios.

Es de sentir también que nos hayamos apresurado a tratar hoy de la aprobación del convenio internacional, porque, según se ha anunciado por la prensa, no está lejano el día en que nuestro ilustre Delegado en París rinda su informe oficial ante la Secretaría de Estado y publique un libro, fue por ser suyo habrá de arrojar torrentes de luz sobre nuestra posición ante el Tratado, y acaso sobre el desenvolvimiento de las conferencias de Versalles y de la actuación cubana. Vamos a discutir, por lo tanto, el Tratado sin que nuestro propio Delegado haya tenido posibilidad de informar a nuestro Gobierno. Pensemos, además, que si algunos días se hubiera demorado la discusión del Tratado hubieran podido los Congresistas, especialmente los Representantes, aprovechar los estudios técnicos y jurídicos que precisamente sobre el Tratado de París, en relación con Cuba, habrán de ser leídos ante la Sociedad Cubana de Derecho Internacional, Sociedad formada por personas dedicadas al estudio técnico del Derecho Internacional y presidida, precisa y dignamente por nuestro Delegado en París, el doctor Antonio Sánchez de Bustamante.

Pero, aparte de estas razones que indudablemente habrían justificado la demora en la discusión del Tratado, ya que dan lugar sin duda a la vaguedad y desorientación que se nota en estos debates parlamentarios, acaso sería conveniente para los intereses de Cuba esperar a que hubiera sido aprobado o rechazado de plano o aceptado con tales o cuales reservas por la propia representación de la nación americana. Porque queramos o no queramos, es evidentemente cierto que por grande y fuerte que sea el sentimiento que anime nuestros ideales patrios, no ha de poder olvidarse, ni es de recomendar siquiera el olvido, que Cuba necesita para afianzar su posición en el concierto de las naciones, del apoyo, del báculo y de la colaboración fraternal de la diplomacia americana. Y podría ocurrir que una orientación contraria a un criterio de los Estados Unidos, radicalmente opuestos a la Liga de las Naciones, habría de plantear para la República de Cuba una extraña situación diplomática e internacional. Extraña, digo, y nada más que extraña, pues no quiero calificar de otra manera la situación que surgiría, ni es posible acaso en los días que corren aventurar un más expresivo calificativo, porque nos falta el genio para adelantarnos al futuro y adivinar lo que ocurriría si nuestra diplomacia tomara un rumbo completamente distinto a la de los Estados Unidos. Permítame la Cámara que por la misma trascendentalidad histórica de nuestra actitud precipitada, me abstenga de hacer otras reflexiones, que aún pronunciadas por quien, como el que habla, poco y muy poco puede significar en la vida pública cubana, podrían llegar a ser embarazosas e inoportunas por resonar en este recinto y en esta ocasión solemne. Perdónenme mis compañeros que sobre tales problemas haga silencio, cuando, si por tal prudencia no fuera, más forzoso y necesario sería el hablar. (Muy bien.)

Por todas estas razones, hubiera sido conveniente no discutir esta tarde el Tratado de Versalles; pero renunciamos los liberales a utilizar fáciles recursos de obstrucción, porque conocido el criterio «cerrado» de la mayoría en materia del Tratado, por lo menos en cuanto a la exigencia de su debate esta fecha, habría sido sin duda inadecuado procedimiento acudir a determinados recursos que solo lograrían retardar unas horas, acaso unos pocos días, la aprobación del famoso pacto internacional.

Creemos, no obstante, que la aprobación y debate del Tratado de Paz esta tarde, cuando aún no se ha secado la tinta de sus rúbricas, cuando aún los sucesos históricos no se han debilitado en el recuerdo, habrá de sernos de algún provecho, en cuanto no habrá de ser posible que el tiempo nuble la verdad, aún cuando fuere con la poesía de la vanidad patriótica, y en cuanto aún se podrá impedir que pase al acervo de nuestra historia una leyenda más, otra infatuación pueril, deformadora de la realidad vivida, y, por ende, alucinadora del pueblo, que solamente en el seno de la verdad podrá despertar de su ensoñación fatigosa al goce de un futuro de realidades más felices.

Venimos, pues, a discutir el Tratado y, desde luego, a votar en favor de su aprobación, no ciertamente como dijera el señor Germán López con frase infeliz expresando un concepto general que parecía comprender a todos los votantes Tratado: movidos por una vanidad.

Tal parece, según dijera el hoy oposicionista representante conservador, que la aprobación del Tratado esta tarde solo está inspirada por el deseo de corresponder a una «lluvia de condecoraciones». Si mal no recuerdo, esta fue la idea y acaso la frase del señor Germán López. Aunque humilde e inmerecidamente, ha caído, también sobre el pecho del que habla, una pequeña gota roja de esa «lluvia de condecoraciones extranjeras», por ciertos y modestos servicios a la propaganda aliada en Cuba, y especialmente en defensa de los intereses morales de una nación para la que guardo mis más vivas simpatías, como es Italia. El Gobierno de Italia tuvo a bien honrarme con una modesta condecoración, como ha honrado a varios cubanos, publicistas miembros del Congreso. Y yo quiero hacer constar, por ello, que la encomienda italiana, cuyo rojo semeja, para mi fantasía, una gota de sangre de las por otros vertida por libertar al mundo, no me ha movido hacia la aprobación del Tratado. Precisamente esta cristalización patrióticamente decorativa de la sangre italiana, trae a mi memoria erróneas exigencias de una diplomacia fríamente insincera, que al valor y al derecho itálicos afrentara con ese Tratado en Versalles. Yo espero que el señor López, tan generoso siempre conmigo, habrá de reconocer que en el ánimo de los congresistas cubanos, máxime cuando, como hoy, se trata de supremos intereses nacionales, no influyen sugestiones extranjeras. (Muy bien.)

Y entremos en el debate. El Tratado ha sido acometido, por decirlo así, por la Cancillería cubana, con un gran descuido, con una evidente falta de preparación. Cuando allá en Versalles y en París se discutían a los principios básicos que habían de formar el Tratado de Paz, todavía Cuba no había nombrado su delegado. En las primeras semanas de enero del año pasado, cuando ya Robert Cecil, Lansing y

Wilson habían presentado determinados proyectos, que estaban discutiéndose y que trascendían a la prensa, en relación con la Liga de las Naciones, Cuba aún no tenía nombrada su delegación. Hasta el 18 de enero del propio año no fue nombrado Delegado de Cuba a las Conferencias de la Paz, el internacionalista doctor Bustamante, y hasta el 1.º de febrero, más de un mes después de haberse iniciado, no pudo llegar a las conferencias nuestro representante. Acaso esperaba nuestro Gobierno, al decir de la prensa oficiosa de aquellos días, que se recibiera la invitación, como si a los Tratados de Paz, al igual que a los azares de la guerra, no fueran los Estados por derecho propio, y por autárquica determinación de su soberanía. Y así fue que nuestro Gobierno tuvo que nombrar otro delegado interino, para que estuviera presente la representación cubana en las primeras sesiones de las conferencias, siendo designado nuestro competente Ministro Plenipotenciario en París, el doctor Rafael Martínez Ortiz. La designación, si forzada, no fue infeliz, pues nuestro primer Delegado hubo de representar a Cuba en las primeras sesiones de las Conferencias y de obtener un éxito, al conseguir de aquel congreso de naciones que la República de Cuba pudiese ser representada por su delegado, con voto propio en determinada sección de la Conferencia, precisamente en una de las secciones más importantes, en la que iba a afrontar la legislación mundial del trabajo; y hasta obtuvo el doctor Martínez Ortiz que uno de los delegados belgas, al proponer la representación cubana, pudiera hacerlo de manera expresa, diciendo que la República de Cuba iba a formar parte de la Sección del Trabajo, representando a toda la América del Sur, con la aquiescencia de nuestras hermanas de independencia, estirpe y cultura. Esa representación honrosa obtenida en la sesión del 27 de enero, ha sido para el buen nombre de Cuba la nota más elocuente en toda la elaboración del convenio internacional, pues que, sin exagerar su significado, Cuba era admitida como digno heraldo de toda una civilización.

Si los cubanos no hemos podido obtener una actuación más brillante en París, no se debe a la capacidad y condiciones, ciertamente insuperables, de nuestro gran Delegado, sino a esa deficiente preparación de la Secretaría de Estado para encauzar el conocimiento de ese magno problema. En contra de la sensata actuación de easi todas las naciones, el doctor Bustamante fue solo a París, acompañado de uno o dos Secretarios, y aún de diferentes Agregados no técnicos, pero ostentando él solo la representación unipersonal de Cuba en las sesiones de la Conferencia. En todas las naciones que pudieron darse cuenta exacta de lo que las Conferencias mundiales iban a representar, se procuró, que la delegación fuese integrada por expertos en los diferentes ramos de la actividad pública que podían ser tratados en la Conferencia Internacional. La Secretaría de Estado, contradiciendo las advertencias expresas de nuestro acertado Ministro en París, hechas más de un mes antes; no prestando oídos a las precisas de nuestro competente Ministro en Londres, señor García Vélez, hechas de una manera retirada, prescindió de adoptar la representación múltiple y no pudimos usar del procedimiento que han usado casi todas las naciones pequeñas, con un solo asiento, para poder sustituirse unos con otros los delegados presentando un técnico o un experto sobre cada materia; y de ahí que el doctor Bustamante ha tenido que poner en juego toda la magnitud de su poder cerebral y sus conocimientos amplísimos para poder tratar tal o cual problema, sin tener siquiera a su lado, el auxilio de un experto especial con quien consultarse; y llegando a tener que integrar las laboriosas sesiones referentes al Trabajo, frente a socialistas como el gran Vandervelde, o a laboristas como el vigoroso Barnes, sin que el Delegado de Cuba, por razones que a los cubanos no se nos ocultan, pudiera aportar observaciones, ni hacer proposición alguna por la cual Cuba dejara la huella de su espíritu popularmente progresista en aquellos nobles debates que auroraban una nueva edad universal. La Secretaría de Estado dejó desamparado al doctor Bustamante. El doctor Bustamante antes de ausentarse de Cuba, pidió una copiosa documentación, pidió informes en relación con los intereses azucareros en Cuba que podían ser afectados en los debates de París, y el informe pertinente fue presentado por la Secretaría de Agricultura a la de Estado, en el mes de febrero, de manera que debió llegar a París a mediados de marzo, cuando ya ese informe era innecesario. Pidió documentación sobre los intereses tabacaleros y en el expediente oficial del Tratado no consta que haya ido un solo dato referente al tabaco a la oficina oficial de nuestra delegación en París. Pidió nuestro Delegado instrucciones y criterios en relación con los problemas internacionales de la moneda, que él suponía iban a tratarse en París, aunque luego no se trataron, y hubo de recibir mi informe debido al muy erudito Catedrático de Hacienda aunque infeliz Secretario, doctor Cancio, combatiendo, creo que con acierto, y de todos modos con la tenacidad característica de los aciertos como de sus errores, la orientación monetaria que creía plausible nuestro Delegado en París. Pero este pequeño incidente, por el cual se demuestra la disparidad absoluta de criterio entre nuestro culto Delegado en París con nuestro no menos culto Secretario de Hacienda, evidencia que nuestro Delegado en París no fue acompañado por una orientación de nuestra Cancillería, hasta el punto que acerca de nuestra actuación en relación con los problemas que debieron tratarse en Versalles, no había una opinión hecha en el Gobierno y todo quedaba al criterio del Delegado que, aunque de competencia indiscutible, no podía ostentar la representación de todos los intereses cubanos, ni estar revestido de responsabilidad política alguna ante el país.

En relación con los problemas del trabajo, el doctor Bustamante hubo de afirmar, antes de ausentarse de Cuba, que esos problemas se iban a tratar también en las Conferencias de la Paz, recordando, sin duda por su erudición internacionalista, que en 1910 la nación italiana había ya tomado la iniciativa de una conferencia internacional donde se trataran los intereses del Tratado y, sin embargo, como manifestó nuestro Delegado en su discurso ante las Comisiones de Relaciones Exteriores que se reunieron en el Senado, alguien hubo de decirle altratar los problemas del trabajo «que perdía el tiempo», y alguien debió de ser de elevada posición política, cuando el elocuentísimo informante se creyó obligado a recordar la incivil advertencia; que, por desgracia cubana, aún no son aquí incompatibles la elevación política y la incivilidad petulante. Y, como el propio Delegado indicara, durante *varios meses* se trataron en París los problemas proletarios. No extrañemos, pues, que el Gobierno cubano no pensara siquiera en «perder el tiempo», como lo emplearon los de otros pueblos, consultando sobre los citados aspectos de la gran crisis obrera a las sociedades capitalistas y a los sindicatos de asalariados.

Ni siquiera pudo conocer nuestro Delegado la cuantía y la nota de las reclamaciones que hubieran formulado los ciudadanos cubanos por daños sufridos en la guerra; ni siquiera pudo obtener al irse a París nuestro digno Delegado la documentación de las cuentas de guerra por si era posible reclamarlas como indemnización de vencedores. Meses después, cuando nuestro Delegado ya preparaba su regreso, recibió esa documentación que, aún cuando fragmentaria, provisional y sin justificantes, hasta para apreciar que los llamados gastos de guerra ascienden a dos millones de pesos, precio de nuestra apacible aventura bélica, y bélico pretexto para la no menos apacible succión al pueblo de un empréstito de treinta millones.

Las Conferencias de la Paz desenvolviéronse como la diplomacia de los poderosos hubo de exigir. Cuba presenció el debate de los interés del mundo y la fría elocuencia de las civilizaciones contrincantes... y nada más. Calló. ¿Qué otra cosa podría hacer? Digámoslo desde ahora: hablar del *triunfo de Cuba en París* es una generosa insensatez. ¿En qué consiste tal triunfo? Nadie lo ha podido saber, ni habrá de saberlo jamás. Nuestro digno Delegado en París mantuvo simplemente el decoro nacional, pero no pudo obtener triunfos, que no se podían esperar, ni pedir... ni merecer. ¿Es que acaso hemos llegado a un tal rebajamiento moral que el desempeño de un cargo público en el extranjero y con fácil y debido decoro, significa ya un resonante triunfo nacional? ¡Cuán cruel es a veces la exageración criolla! ¡Cuán dolorosamente sarcástica la hipérbole tropical! Tal parece que los cubanos nos empeñamos en nublar la verdad de nuestra historia con el incienso humoso de las mentiras con convencionales tal parece que así como empequeñecemos a veces las sublimidades de nuestros heroísmo y sacrificio libertadores al vestirlas con atavíos de mentidos teatralismo militares; así ahora vamos a desnaturalizar la corrección y modestia de nuestra, correcta por modesta y modesta por correcta, actuación en París, cuando allá Cuba nunca fue oída porque *nunca habló*, nada pudo obtener porque *nada hubo de pedir*, ni en nada pudo triunfar porque *en nada tuvo que vencer*. (Muy bien.) (Aplausos.)

Porque Cuba no obtuvo ni en la guerra ni en la paz triunfo alguno. Si nadie luchó contra Cuba...; si no hubo un problema cubano...: si contra nadie realmente llegamos a combatir... No, no cieguen nuestros ojos con el polvo de la retórica hiperbólica, aventada por exaltaciones políticas, insinceridades gubernamentales y admiraciones anacrónicas. Siquiera al entrar en este recinto que debe ser como templo, dejemos ese polvo allá con las sandalias de nuestros convencionalismos, y convengamos en que no debemos legar a nuestros hijos, junto con tantos tristes hechos que ya no podemos borrar, una nueva mentira patriótica que, esa sí, aún podemos impedir. (Aplausos.)

No recordemos nuestro reciente pasado durante la guerra a partir de aquel glorioso día de abril en que Cuba, aún sangrante de una guerra fratricida por la libertad de sí misma, ahogaba sus sollozos para erguirse altiva y entrar tras la democracia americana en la cruenta batalla por la libertad de todos. No lo recordemos, por Cuba por nosotros. No avivemos el rescoldo de pasiones que deben apagarse, si no en el olvido, al menos en el disimulo.

Pero que ello no nos impulsa a afirmar y sentir que Cuba fue a la guerra *por deber, pero sin entusiasmos*: que se mantuvo en ella acaso *con decoro, pero sin sacrificios*: y que firma la paz *con dignidad, pero sin gloria*. (Aplausos prolongados.)

Cuba no ha tenido triunfo de ninguna clase en Versalles. Si algún triunfo obtuvo Cuba en estos años de dolor, fue el triunfo de la cordura y de la virtud de su pueblo que, refrenando pasiones, supo darse cuenta de su posición política e internacional y supo afrontar con estoicismo la situación guerrera que no hería su corazón, ni hacía vibrar sus sentimientos, abatidos por la desgracia de sus propios lares.

Nuestro Delegado en París, respondiendo a la realidad positiva de las circunstancias, libre de toda arrogancia impropia, nada podía hacer. Ni pudo desviar en lo más mínimo la brújula diplomática en un solo artículo de este Tratado; ni pudo hablar siquiera en relación con la Liga de las Naciones, donde acaso Cuba deseó poder decir algo; ni pudo, en fin, aportar una sola sugestión a la organización internacional del Trabajo.

Y así, Cuba ha pasado por Versalles como pasó por la guerra, sin derramar sangre, sin aportar una idea, sin formular un voto. En el Palacio de Versalles no resonó la voz cubana como en el campo de sangre no ondeó nuestra bandera.

Esa es la realidad.

Realidad triste que no amengua la reverencia que nos merece nuestro ilustre Delegado. Y realidad expresada por la aún mayor reverencia que nos merece la verdad histórica.

Dicho esto, podemos apreciar determinados aspectos del Tratado particularmente interesantes para Cuba.

Cuando nuestro ilustre Delegado en París hubo de informar públicamente ante las Comisiones de Relaciones Exteriores del Congreso, estaba el que habla con el extranjero y no pudo, por tanto, tener el goce de recoger sus palabras. Pero he tenido buen empeño en conocer por su propia expresión oficial cuál fue su actuación en París, y cómo ve el Tratado de Paz el Representante en Versalles de nuestro Gobierno.

En un discurso lleno de imágenes floridas, adornado de la retórica magnificiente de quien sin duda es uno de nuestros primeros oradores, en el discurso, digo, de nuestro Delegado en París, se encuentran determinadas declaraciones que no debemos silenciar porque quizás el silencio habría de significar para algunos una aquiescencia a las mismas. Y debemos decirlo, cumpliendo un deber, aunque pudiera parecer más fácil eludirlo; ciertas declaraciones del doctor Sánchez de Bustamante no tienen nuestra conformidad. Es muy posible que tampoco tengan la conformidad del pueblo de Cuba.

Así, por ejemplo, nuestro Delegado en París —y naturalmente con él la Secretaría de Estado— trata, presentándolo al parecer como un resonante triunfo de la República de Cuba, el triunfo del principio de la igualdad de los Estados en el Tratado de Versalles. El doctor Sánchez de Bustamante apenas llegó, dice en su discurso, se dio cuenta de que alguien quería alterar ese principio supremo de la filosofía jurídica internacional. Envió un cablegrama, que he leído en la Comisión de Relaciones Exteriores de esta Cámara con sumo gusto, pidiendo autorización a la Secretaría de Estado para defender ese principio en Versalles, por cu o peligro tanto temía nuestro Delegado. Emprendió éste determinadas gestiones y tiempo después, en una sesión plenaria de las Conferencias hizo constar que la República de Cuba no estaba de acuerdo con «determinados artículos de un proyecto que suponía que la mayoría de las naciones del mundo, podía dictar reglas que se impusieran a la minoría». Y poco después exponía cómo toda la América tuvo grande y muy grande satisfacción cuando pudo informarse de que «la mayoría de los Estados podía acordar lo que le pareciera; pero que el que no estuviera conforme, lejos de verse compelido a acatar la voluntad de los más, quedaría fuera de la Liga; pero no estaría sujeto a acatarla». Y terminaba su exposición entusiasta el representante de Cuba: «¡El principio de igualdad de los pueblos se había salvado para el Derecho Internacional futuro!».

Pero, pensemos fríamente. ¿Qué tiene que ver todo ello con el problema de la igualdad de las naciones? ¿Qué importa que Cuba, como todas las naciones que tenían un firme convencimiento y una gran fe en la aceptabilidad de la Liga de las Naciones, reclamara para todas las naciones el derecho de desligarse de la Liga cuando quisieran? ¿Qué tiene que ver el imperio de la voluntad de las mayorías con el imperio del principio de igualdad? Son estas ideas completamente distintas.

Todos los ciudadanos cubanos, con la poco galante exclusión de las ciudadanas, somos iguales en el ejercicio del derecho de sufragio; esta igualdad es una conquista democrática que, aunque a menudo burlada por gobernantes despóticos, forma parte del acervo histórico de nuestra civilización. Pero no se opone a este férreo principio de libertad el que las mayorías impongan sus justos criterios a la minoría, ni a nadie se le ha podido ocurrir en un ambiente de sana democracia que el imperio de las mayorías es antitético al imperio de la igualdad; antes al contrario, tal parece, a juzgar por las lecciones de la Historia, que uno y otro principio político no son sino aspectos de una básica concepción republicana.

Y lo mismo ha de ocurrir en una verdadera «república de naciones». Precisamente la característica de una Liga de las Naciones que fuese algo más que una convención de diplomáticos, habría de estar en el reconocimiento mundial de un organismo de soberanía super-estatal, que supiera, quisiera y pudiera imponer por la voluntad de la mayoría de las naciones, entre todas las iguales, lo que habría de ser la «voluntad del mundo», libre y jurídica mente determinada, como la interna voluntad de un pueblo. ¡Ah! Ese habría sido precisamente el más claro triunfo del principio de la igualdad. No pensemos, cubanos, que en Versalles fue plenamente reconocido ese principio tan grato a los pueblos débiles, aunque civilizados. No nos dejemos arrullar por lisonjeras fantasías jurídicas, deshechas al contacto de las realidades positivas. No... si la igualdad de las naciones es precisamente uno de los principios del internacionalismo teórico más burlados en el Tratado. ¿Qué importa que el nombre de las naciones firmantes se relacionaran por orden alfabético, como se viene haciendo desde que hace siglos surgió a la historia la trabajosa paz de Westfalia, si en el articulado de la paz de Versalles la igualdad internacional apenas si aparece fuera de esa ingenua ordenación protocolar? ¡La igualdad!... Recordemos que en estos días se ha estado combatiendo denodadamente en los Estados Unidos contra el Tratado y que precisamente uno de los argumentos que más impresionan al pueblo americano es el de que contra todo principio de igualdad de los Estados, Inglaterra contará con seis votos en la Liga proyectada, y los Estados Unidos con solo uno. ¿Qué igualdad es esa que concede a cinco grandes potencias ciertos derechos, que no tendrá, por ejemplo, Bélgica, nación pequeña y débil, pero no menos heroica, ni menos sacrificada, ni menos digna que cualquier otra fuerte nación? ¿Qué igualdad es esa admitida por el Tratado, cuando de sus propias cláusulas se deduce una triple categoría de naciones? Si, porque según el convenio de Versalles, hay naciones de primera clase, las fundadoras de la Liga, desde Inglaterra a Liberia; una serie de naciones de segundo orden, las que sin haber tenido la gloria del gran engendro, pueden ingresar en la sociedad de los Estados, previa invitación. Pero hay, además una tercera clase de naciones, la de las naciones malditas que no pueden ascender al Olimpo sin purificar antes sus espíritus de sus históricas impurezas. Es fácil recordarlo. De los 49 Estados que hoy forman la Sociedad Internacional, sin perjuicio de que nos apresuremos a aumentar esa cifra apenas el cable nos traiga la nueva de otro surgimiento nacionalista en la hoy prolífica Europa, nueve Estados están excomulgados de la Liga y ni siquiera son invitados a formar parte dle ella. Alemania, Austria, Hungría, Bulgaria y el Imperio turco con como apestados, todavía fuera del concierto de los Estados libres. Es fácil explicar las causas, pero no es ciertamente tan fácil encontrar en esa forzosa excomunión un tratamiento de verdadera igualdad internacional. Tampoco Rusia ha sido admitida ni invitada; también sabemos por qué, e igualmente podemos comprender que el régimen de aislamiento a que se ha sometido a Rusia no es el de una estricta teoría de igualdad.

Pero para nosotros, los hijos de América, tiene una elocuente significación, que nos entristece y nos llena de dolor el hecho de que también sean excluidas de la Liga de los Estados tres únicas naciones ibero-americanas, cuyos nombres ni siquiera aparecen mencionados en el Tratado, como si fueran de réprobos y proscriptos, tres Repúblicas hermanas nuestras, que por muchas culpas que se quieran echar sobre su espíritu menos han de tener que algunas flamantes naciones que ya figuran en el supremo aurópago de los pueblos. Me refiero a México, que no puede por cierto desmerecer donde se admite a Liberia, a Costa Rica que no es menos que Nicaragua, y a Santo Domingo, a cuyo infeliz pueblo antillano se le da una inmerecida consideración por debajo de Haití. ¡Ah! También en este caso habría de ser fácil explicar las causas de la injusta preterición; pero ignoro si habría de ser fácil ante mexicanos, dominicanos y costarricenses sostener con entusiasta convicción la tesis de que allá en Versalles triunfo el principio de la igualdad internacional. Un jurisconsulto elocuente podría hacerse aplaudir la retórica exaltación de una teoría sofística, pero a los oídos de nuestros hermanos proscriptos sonaría el aplauso como la execración de una blasfemia. (Aplausos.)

Fracasado, pues, el principio de la igualdad de los Estados, veamos qué otra cosa pudo interesar a nuestro Delegado en París; veamos si los problemas económicos, si el tabaco que sombreó la cuna de nuestro Collantes, si el azúcar que constituye hoy el nervio de nuestra riqueza nacional. En cuanto al tabaco informó nuestro Delegado en París; lo siguiente: que, una vez en París hubo de enterarse de que por razón de los cambios monetarios internacionales la Tabacalera francesa se encontraba en la siguiente ruinosa situación: se le cobraba al fumador francés su producto en francos, precio fijo regulado por las tarifas permanentes de la Regie, y que al comprar el tabaco tenía que pagarlo en moneda cubana, por lo cual pagaba la materia prima más de lo que significaba el precio del tabaco elaborado. Y entonces el Gobierno francés estimó necesario, no ya elevar los derechos del tabaco, sino elevar su precio al público, para que así el consumidor, por la elevación del precio, pagara la diferencia. Si mal no recuerdo llegó el asunto a tratarse en la Cámara de Diputados, y allí parece que sucedió como en todas las Cámaras, que el deseo excitado y no siempre razonado de ayudar al Gobierno, el prurito exacerbado de conceder más de lo que el Gobierno pide, hizo que la Cámara francesa juzgara esa medida fiscal insuficiente y llegara a aumentar los derechos aduanales del tabaco. Y entonces, como informa nuestro propio Delegado, el digno representante diplomático de Cuba en París, doctor: Martínez Ortiz acudió a las oficinas públicas, hizo demostrar lo absurdo de esa medida y obtuvo que por iniciativa del propio Gobierno francés, el error de la Cámara francesa fuese rectificado y que los derechos aduanales del tabaco en Francia no fuesen subidos en manera alguna. En este asunto ninguna intervención, oficial por lo menos, parece que tuvo nuestro Delegado en Versalles, por ser, sin duda, asunto completamente ajeno a la conferencia de la paz el de un simple problema de diferencia aduanal que fue ajustada por la habilidad y la pericia que todos le reconocen al doctor Martínez Ortiz. Aparte de estas consideraciones, el tabaco ha tenido ciertamente alguna protección en el Tratado de París. No es mucha. Por el Tratado de Paz, Alemania no queda en libertad durante cierto tiempo de alterar las tarifas aduaneras anteriores a la guerra. Las indicaciones de procedencia a que se refería el doctor Collantes quedarán plenamente garantizadas en el Tratado de Paz, en todo lo que se refiere al reducido territorio del Imperio alemán, pero ello no por gestión especial cubana, ni por consideración especial a nuestro país, sino por ser ello consecuencia de orden general de determinadas cláusulas incluidas en el Tratado por las grandes potencias en defensa de sus producciones nacionales, de tal modo que habrá le darse el contraste, contraste que a nadie puede achacarse acaso más que a nuestra desgracia y a lo sombrío de nuestro destino en esa política financiera internacional, que Alemania garantizará en su mercado la procedencia del tabaco de Cuba, mientras continuará, sin duda, falsificándose el tabaco habano por los que han sido nuestros aliados, allá en los talleres desleales de París, de Inglaterra, y hasta de los Estados Unidos, talleres que cuales ambiciosos, y fraudulentos, seguirán lanzando sobre el consumidor ignorante toda esa serie de marcas ridículas que son un insulto a la fama del tabaco de Cuba, cuando no son a la vez una afrenta al lenguaje castellano.

En cuanto al azúcar, la actuación en París pudo ser acaso distinta, aún cuando más difícil. En todo el expediente de la Secretaría de Estado, no puede encontrarse una frase que nos dé luz en este oscuro asunto; pero, por informaciones de nuestro propio Delegado, resultaba lo siguiente: que había una cláusula en proyecto por la cual se prohibía a Alemania, como después Re le prohibiría a Austria, la exportación de azúcares, por determinado número de años. Dice el Delegado que *no habría sido difícil* obtener la inscripción de esa cláusula en el Tratado; dice que la pedían, con gran insistencia, la Australia, la gran colonia inglesa, que la pedían todas las Indias británicas y en todas las naciones de Europa, y dice, después, que nosotros «tenemos que pensar mucho lo que hacemos, tenemos que medir nuestros actos y ajustarnos a la realidad de las cosas». ¿Cuál era el efecto inmediato —dice nuestro Delegado— de prohibir a Alemania que exportara azúcar?... Cerrar un privilegio y una garantía a favor de Polonia y Checoslovaquia, quitándoles el competidor fronterizo, que actúa con sus propios medios naturales y de transporte. La buena política económica demandaba lo que se hizo en París: *no hablar de eso una palabra*, porque era inútil, contraproducente e innecesario.»

Realmente, carezco de toda clase de competencia técnica, aún de la más rudimentaria, para tratar este complicado problema azucarero en relación con una situación diplomática bastante compleja; pero sin que quiera dar a mi opinión autoridad alguna, muchas personas me han manifestado que no aciertan a comprender el perjuicio que habría de recibir Cuba por esa prohibición le exportación de azúcares de Alemania. ¿Qué constituía un privilegio para Checoslovaquia y Polonia. En buena hora; también para nosotros habría de constituir un privilegio. Esa meditada apatía de nuestro gobierno no ha sido explicada por su Delegado y nos obliga a pensar que pudo haber algún error, debido quizás a la falta de representación técnica azucarera en nuestra Delegación en París; nos inclina a pensar que si el doctor Sánchez de Bustamante hubiese telegrafiado a Cuba en relación con esa proyectada cláusula para que el Gobierno consultara a su vez a los elementos azucareros; de Cuba, de la misma manera que telegrafió para investigar la opinión de nuestra Secretaría de Estado en relación con la tan mal parada igualdad de los Estados, acaso nuestra actuación azucaera hubiera sido distinta, y no habríamos de ver como, según nos informa quien algo puede entender de economía azucarera, resulta que ningún beneficio azucarero se produce en el Tratado de Paz, a pesar de contar con una fuerte opinión que podía darnos ese privilegio, de acuerdo con Checoslovaquia y Polonia, y que la única nación que parece en el Tratado favorecida de una modo predominante claro es la nación inglesa, la más interesada sin duda en que se abra el mercado alemán de exportación para los azucareros. Será, como dice atinadamente nuestro competente representante el señor Hanníbal Mesa, en su luminoso informe ha poco presentado a la Secretaria de Agricultura, que la regeneración azucarera de Alemania llegará muy tardía, que Alemania apenas puede producir lo que necesita para su consumo interior. Pero si esto es cierto, si esto no es exagerado por nuestro propio deseo de que sea cierto, pensemos que los técnicos, que los conocedores el Alemania, opinan que aún siendo esto cierto, conociendo el vigor industrial germano, sabiendo los alemanes el gran valor que hoy tiene el azúcar en el mercado del mundo, habrán de apresurar su producción, habrán de intensificar todos sus esfuerzos para exportar azúcar, porque exportar azúcar en estos tiempos es exportar algo que vale más que el oro, y así lo procurará Alemania para apresurar su independencia fiscal. Esto no pasa de ser una opinión cuyo valor no puede quien habla apreciar con análisis, pero hay que confesar de todos modos que no se acierta a adivinar la explicación de por qué no se aceptó en Versalles la única cláusula que fue fácil obtener para Cuba y que podía realmente favorecer, aunque fuese en alguna manera indirecta nuestra producción de industriales azucareros. De cómo en Versalles nuestros intereses azucareros, los vitales de nuestra economía, pudieron ser tratados y defendidos, nadie aún puede formar juicio claro. Sea esta una nueva demostración del desprecio que al Gobierno merecen los supremos intereses cubanos.

Y pasemos a considerar las «reservas cubanas» al Tratado de Paz. Sí, nuestras reservas, porque también Cuba tiene que afrontar el problema jurídico de la constitucionalidad del Tratado, y el Congreso debe resolverlo como nuestra cultura republicana exige, tratando de armonizar la suprema aspiración mundial con la legalidad interna; y, aunque debemos confesar, por dolorosa que sea tal confesión, que no es la Constitución cubana dama que a nuestros gobernantes merezca respetos y galanterías, no es menos seguro que tales respetos le son debidos.

Nuestro Delegado en París, profundo jurisconsulto, conocedor al igual del derecho de gentes y del derecho interno cubano, hubo de darse cuenta enseguida de que muchos de los artículos del Tratado de Versalles no podían ser aceptados por la soberanía cubana sin infringir preceptos constitucionales y por eso el Delegado, lo mismo que el Delegado de Bolivia, el del Ecuador, el de la India y el de otros varios pueblos, hubo de manifestar que se reservaba el derecho de llegar a la aprobación del Tratado mediante explicaciones, de establecer como hoy se dice, con palabra nuevamente introducida en la jerga de los Tratados, *reservas*, para hacer legalmente posible la aceptación cubana del Tratado, y, desde luego, su firma. Cuando se disentían las proposiciones relativas a la organización conferencia internacional del trabajo, hubo de proponerse que ese organismo tuviera facultades coercitivas, es decir, que la mayoría de sus componentes, una mayoría grande, pero mayoría al fin, pudiera obligar a la minoría con sus decisiones; y entonces varias delegaciones se opusieron a este principio, porque era imposible aceptar constitucionalmente desde el punto de vista interior de sus respectivos países, que hubiera una soberanía, un Super-Estado que pudiera obligar al Gobierno de un país a acatar determinadas normas legales no legisladas por el competente Congreso. En relación con la reglamentación internacional de la aeronáutica se establecieron además otras reservas; y así pudieran citarse otras, todas esas basadas en la inconstitucionalidad relativa de determinados preceptos del Tratado. Hasta hay en un artículo del Tratado una reserva escrita especialmente, la del artículo 299, el cual si por Cuba hubiera de cumplirse, quebrantaría el artículo 13 de nuestra Constitución republicana, que obliga con muy elevado criterio a respetar la santidad de los contratos privados, en cualquier fecha celebrados, antes o después de la guerra. Los Estados Unidos que tienen igual precepto constitucional, y con ellos el Brasil y el Japón de un modo expreso, hicieron constar que para ellos ese artículo 299 y todas las Secciones subsiguientes, que son por cierto muy extensas, no podría regir en manera alguna. Es de lamentar acaso que en ese artículo donde consta la *única reserva expresa* y predeterminada de todo el Tratado, no conste también la reserva de Cuba, porque en realidad las mismas razones que tuvieron el Brasil y el Japón las tuvo Cuba desde el primer momento; omisión quizás más de sentir cuando alguien pudiera observar que si el respetable espíritu defensor de la intangibilidad constitucional bien pudo sugerir por boca de varios delegados iberoamericanos oposiciones y reservas a la vigencia del Tratado, cuando se proponía crear en él una eficiente organización mundial en pro del proletariado, no hubo de sentir iguales bríos y susceptibilidades en todos los casos en que el convenio mundial podía afectar el régimen constitucional de un país. Los radicales dirían que ello era una hipertrofia constitucionalista demostrativa de una defensiva sensibilidad burguesa; nosotros creemos simplemente que ello fue una inconsecuencia teórica pero infeliz.

El Congreso cubano al aprobar el Tratado de Paz lo hará expresando en una reserva genérica sus respetos constitucionales; y a buen seguro que si nuestra democracia tuviera la solidez orgánica de la helvética, por ejemplo, habríamos de hacer lo que Suiza se ha apresurado a realizar, a adaptar la Constitución a las exigencias del progreso internacional, removiendo los obstáculos legales que habrían de impedir la comunicación sin reserva alguna en la hoy suprema aspiración humana. (Aplausos.)

Habría de ser muy fácil después de estas observaciones hechas al volar de la palabra en relación con el desenvolvimiento de la diplomacia cubana en el Tratado, habría de ser fácil, digo, dada la catarata de literatura que se ha derramado sobre la reciente obra diplomática de Versalles, aportar a los ya cansados oyentes consideraciones y opiniones abundantísimas en pro y en contra, sazonadas con abundante y cómoda erudición. ¿A qué traer a este debate toda la no siempre brillante y a menudo farragosa argumentación sobre los múltiples aspectos del Tratado? Toda ella está ya al alcance del gran público y no habría de serme perdonado que molestara a este conmigo generoso auditorio recitándole sucesos e ideas que hoy ya nadie ignora.

Por eso he de limitarme a tratar a breves rasgos sobre los tres grandes aspectos de la Paz en Versalles desde nuestro punto de vista nacional.

El Tratado de Paz puede, en efecto, dividirse en tres partes. Primera: la que significa, como se dice con frase sajona ya traducida a nuestra lengua, el «reajuste» del viejo continente, el «reajuste del mundo». Se trata de reconstruir fronteras, de recortar territorios, de fijar nuevo régimen jurídico internacional a un río o a una montaña, de asegurar tal o cual medida de libertad para una religión, de crear un sistema económico y fiscal para tales naciones, etc. Estos problemas realmente no interesan a Cuba. Pueden interesarnos indirectamente, porque todos los hechos mundiales repercuten en el infinito de la vida social, pero sería poco serio en verdad que discutiéramos aquí, en el modesto Parlamento cubano, el problema de las fronteras franco-alemanas, por ejemplo, el caso de Fiume irredenta, o la que bien pudiéramos llamar la *plattización* de la Constitución polaca, o la vitalidad de tantos nuevos Estados como han surgido a la vida libre en estos tiempos de prolificidad geográfica. Los otros dos importantes elementos del Tratado son, de una parte la «Liga de las Naciones»; y de la otra, «la organización de las Conferencias Internacionales del Trabajo», que incluye una tentativa, porque de tentativa no pasa, de «standardizar» (permítaseme el anglicismo, ya que esta voz inglesa no tiene equivalente exacto entre nosotros) el régimen de la vida obrera.

La Liga de las naciones merece, sin duda, todo el entusiasmo de los pueblos. ¿Quién no e entusiasma ante un posible concierto de naciones para acabar lns guerras y resolver pacíficamente todos los contlictos del orbe? Cuba saluda, sin duda, con vehemencia esta aurora de mejores siglos y augura una vigorosa vitalidad al organismo Super-Estatal engendrado por la masculinidad del ideal en el seno de una humanidad exangüe.

De todos los artículos de la Constitución de la Liga de las Naciones, dos hay que interesan directamente a Cuba, si no de un modo especial, sí por la situación internacional que ella tiene. El primero de ellos es el artículo 10 que consagra el principio y la obligación de que todos los Estados se garanticen su independencia actual y política contra futuras agresiones exteriores. Artículo debido al genio wilsoniano, pensando él al concebirlo, según tuvo ocasión de declarar en uno de sus discursos en el Oeste americano, en que ese artículo podría llegar a evitar las contiendas entre unas y otras Repúblicas centroamericanas. Las naciones débiles piensan, a su vez, que contra otras agresiones más trascendentales y crueles podrá ser invocado también el artículo 10.°; que al fin, más horrendas Ron las contiendas armadas por las cuales un pueblo puede perder la independencia y la libertad de su cultura, que aquellas tristes algaradas centroamericanas que en nada tuercen el curso de la historia y solo pueden significar la crisis de pueblos que, de anémica ascendencia, tienen que sufrir al crecer.

El artículo 21, complemento del art. 10, acaso tenga una mayor trascendencia para nosotros, pues es la consagración mundial, la aceptación para todo el universo de la vigencia en América de la doctrina de Monroe, doctrina esa que cualquiera que fuese el juicio que ella nos merezca, cualquiera que sea el comentario, que todo género de comentarios pueden permitirse y documentarse, si no se puede llegar a afirmar, como afirma erróneamente la mala, aunque oficial, traducción castellana, que tal doctrina «garantiza la paz del mundo», si se puede afirmar, como dicen literalmente los textos inglés y francés, que *contribuye*, indudablemente, a garantizar esa paz mundial. Esa doctrina de Monroe, sigue alzando para Cuba una gran barrera contra las posibles audacias europeas. Pero ese artículo décimo, para nosotros apenas si tiene más valor que el que le den los Estados Unidas. Para nosotros, además, ese artículo es inconstitucional. Para los Estados Unidos habrá de serlo también. Es inconstitucional para nosotros porque no puede la representación cubana, no puede el Congreso, ratificando sin reservas ese Tratado diplomático en nombre de la República, hacer que ella con sus elementos, con sus fuerzas militares y económicas, contribuya a mantener la independencia territorial o política de ninguno de los pequeños Estados europeos, sin que el Congreso de Cuba emita en cada caso y expresamente su voz soberana. Y lo mismo pasa en los Estados Unidos. Inglaterra ha podido aceptar el artículo 10, entre otras razones, porque Inglaterra no tiene Constitución escrita y ésta se va allí elaborando por la experiencia y la costumbre que van cristalizando los hechos en el transcurso del tiempo. En Francia, donde hay leyes constitucionales escritas, se van ellas modificando por la legislación ordinaria. Análogamente puede decirse de Italia y del Japón. Pero cuando ese artículo ha de ser Ley para Cuba, donde una ley escrita, fundamental, concede al Congreso, y únicamente al Congreso la potestad de declarar la guerra y ratificar los Tratados, el Congreso no puede hacer dejación de su potestad y aceptar que un super-organismo, que esté por encima de él, obligue a los cubanos a derramar su sangre en Europa en defensa de aquellas nacionalidades, sino que es preciso que esa decisión sea el fruto de la voluntad constitucional cubana. De modo que iremos a la Liga de las Naciones sin que para nosotros los cubanos rija el artículo 10, porque una reserva perfectamente explanada por el dictamen de la Comisión de Relaciones Exteriores, establece que no puede entenderse que ese Tratado pueda en manera alguna lesionar la soberanía del Congreso de Cuba. Ese artículo 10 es, como dijera Wilson, la espina dorsal de la Liga de las Naciones; sin esa obligación de garantía de la independencia territorial y política carece casi de objeto. La Liga de las Naciones, como dice su propio creador, el Gran Wilson, habrá de reducirse si ese artículo no es aceptado, como quizás no lo sea por el pueblo americano a «una infleyente Academia de debates». Pero aún así debemos aceptar la Liga le las Naciones, sin ambages ni recelos. Si esa Liga existe como organismo internacional, vamos a esa organización internacional con las reservas que hoy impone nuestra Constitución, hasta el día en que una reforma constitucional nos permita a nosotros, como a todos los Estados, abrazarla sin reservas de clase alguna, que no debemos pensar que las negruras de los tiempos que pasan han de impedir que llegue el alba de un futuro de más amor y de más justicia. (Aplausos.)

El régimen del trabajo fue el último de los problemas abordados en Versalles, constituyendo el articulado que a él se consagra en el convenio internacional una trascendentalísima originalidad en la historia del derecho público universal. En relación con el problema del Trabajo, nuestro Delegado en París hubo de dar rienda suelta a sus entusiasmos, en el informe verbal personalmente emitido ante las Comisiones de Relaciones Exteriores de este Congreso. El señor Sánchez de Bustamante lució las mejores de sus graneles galas retóricas para decir que ya se le está dando al obrero lo que hasta ahora el obrero no ha tenido. Recuerda como de la misma manera que el Congreso de Viena suprimió la esclavitud y la trata negrera, el Congreso de Versalles tiende a suprimir lo que él llama con frase precisa y ya hoy general izada por los sociólogos, la esclavitud económica del obrero. El plausible entusiasmo de nuestro Delegado diplomático arrancó reiteradas veces grandes aplausos al selecto auditorio que asentía así, ¡hasta el Gobierno!, a sus manifestaciones; pero permítaseme, sin embargo, una ligera observación en pro de la serena apreciación objetiva de los hechos que no deben ser velados por la ilusión. Seguramente el doctor Sánchez de Bustamante, arrastrado por su elocuente fervor, ha llegado a afirmar ante el Congreso cubano esto que sigue: (lee) «Notad la trascendencia extraordinaria de ese hecho: los obreros resultan llamados por el Tratado de Versalles a gobernar el mundo y a dictarle reglas desde una conferencia internacional». Este párrafo fue muy aplaudido. Y continuó el doctor Sánchez de Bustamante: (lee) «Sería justo que, pesando en esto, todos los países del mundo hagan lo que Inglaterra y lo que Francia: darles siquiera un pedazo en el gobierno nacional». Este otro párrafo no recibió aplauso alguno. (Risas.)

Pero, a mi modesto juicio, nuestro Delegado llevó su entusiasmo hasta afirmar como cierto algo que los obreros niegan y que, realmente, no ha podido llegar por ningún conducto a conocimiento de los Congresistas. Porque no se adivina en qué parte del Tratado se concede a los obreros la posibilidad de dictarle reglas al mundo, y dónde se les llama a gobernarlo. Tal afirmación hecha rotundamente en Cuba, especialmente hoy, después que la Conferencia de Washington acaba de celebrarse en un ambiente de innegable frialdad y descreimiento, haría sonreír al gran socialista belga Vandervelde, y hasta al propio Delegado italiano Mayor des Planches, cuyas progresivas iniciativas en favor de una mayor eficiencia en la legislación obrera internacional hubieron de ser obstaculizadas.

Y ciertamente que en la gestación de los preceptos del Tratado de Paz constitutivos de la llamada carta fundamental del Trabajo, no pudo Cuba brillar como habría sido conveniente para prestigio de nuestro crédito cultural; no por culpa del Delegado de nuestro Gobierno, sino por concausas complejas tan preeminentes que no pueden cubrirse por oleadas de retórica. Hubiera sido muy de desear que en esa Sección del Trabajo, allá en Versalles, o en una de las sesiones plenarias, cuando se discutieron las nuevas bases de la Legislación Internacional del Trabajo, se hubiera podido levantar el Delegado de Cuba, y tener el gesto que con legítimo orgullo pudo ofrecer el Delegado del Uruguay. En aquella trascendente ocasión, cuando se trataba de crear un organismo internacional que hiciera imperativas las reformas obreras en todo el mundo, el Delegado de la India se opuso a tan progresista institución, se opuso también Cuba, y después el Ecuador, Bolivia, Panamá y no sé si otra República sudamericana, las cuales estimaron que ese problema afectaba a la soberanía constitucional de cada país; y entonces el Delegado del Uruguay, un elocuente señor Acevedo, haciendo honor a ese apellido de nuestra propia estirpe, dijo que aceptaba sin reserva alguna la gran reforma propuesta, acaso la más trascendental que iba acontecer el Tratado de Paz, porque en Uruguay ya existían leyes que regulaban todas esas cuestiones proletarias, y pudo añadir con íntima emoción, que su patria uruguaya vería con gusto cómo las demás naciones de América siguieran su política. ¡Nada más digno y más prestigioso para una pequeña república!

La República del Plata, al proclamar ante el mundo sus sólidos progresos, puede demostrarnos cómo el buen nombre de los pueblos no depende de la estadística de su producción económica solamente, ni del número de sus soldados, ni del de sus habitantes, sino que depende fundamentalmente, como depende el prestigio de Bélgica, la fama de Suiza y el crédito del Uruguay, de la civilización de sus instituciones y del espíritu progresista que inspira a sus gobernantes y a sus legisladores. Nosotros no pudimos enorgullecernos en Versalles, como la patria de Artigas, pues tal parece que la especificada proclamación de los «derechos del obrero» en el articulado del Convenio de Paz se hizo para Estados, que como el de Cuba, aún no han creído necesario responder a los clamores de la civilización contemporánea. En el Tratado se dice que ya el obrero no podrá ser considerado como una mercancía, mientras el Delegado de Cuba, como el de otros Gobiernos, pensaría acaso cómo en su patria el obrero sigue siendo una mercancía, de libre cotización, desamparado ante los embates de la oferta y la demanda, romo el azúcar o el tabaco, sin que la contratación del trabajo merezca en nuestra legislación consideración especial alguna.

Se establece en ese Tratado que el obrero debe ganar un jornal mínimo suficiente para satisfacer sus necesidades como la naturaleza y la cultura se los dictan; mientras, también aquí, el obrero solo tiene su propia unión como defensa y el Estado cuenta con empleados que solo perciben cuarenta o cincuenta pesos mensuales, insuficientes para una vida sana y civil.

Se consagra en la carta fundamental del proletariado que es libre la sindicación de patronos y obreros, mientras que aquí en ello habría de reflexionar sin duda nuestro Delegado en la Sección que tal precepto reconoció, ni se permite el más inofensivo ejercicio del derecho de reunión, ni el sindicalismo suele tener garantías cuando no lo practican los acaparadores de alimentos.

La jornada máxima no ha sido aún legislada entre nosotros, cuando ya ha llegado a ser precepto del Tratado de Paz, que ahí yacen en los tenebrosos legajos de las Comisiones

Parlamentarias algunos proyectos, para pasto de polillas y carcomas.

La reparación del daño sufrido por los accidentes del trabajo, que es norma del Tratado, tiene en Cuba una pomposa consagración legal por lo común incumplida y adulterada por reglamentos gubernativos.

La mujer, que en el Pacto de la Paz conquista el derecho internacional a la protección pública como obrera y como madre, no merece en Cuba una consideración legal protectora.

Quieren los firmantes del Tratado de Versalles que todo Estado tenga un cuerpo de inspectores del trabajo, integrado por obreros y por mujeres, acaso para estímulo de aquellos como Cuba, que no han sabido organizar todavía un centro gubernativo y oficial que pueda afrontar y dirigir, con la competencia y la energía que demanden, todos esos conflictos sociales. Y todavía los diplomáticos de Versalles legislaron sobre una nueva constitución proletaria, con análoga ingenuidad a aquella en que cayeron nuestros convencionales, pues no contentos; con especificar todos esos derechos del proletariado universal, dijeron: esa no es más que la especificación de principios que no se oponen al desarrollo de otros nuevos preceptos y garantías, como hicieron nuestros convencionales ingenuos, que después de haber reseñado todo un tratado de libertad, todavía dijeron puerilmente: ¡Convencionales de una nación apenas nacida: esas libertades que aquí consagramos no impiden que tengan que respetarse por los poderes públicos otras libertades que emanan de la reforma republicana del Gobierno y de la libertad individual. ¡Ojalá que la ingenuidad diplomática de Versalles obtenga mejores respetos que la ingenuidad convencional de Cuba! (Aplausos.)

Después de lo que antecede, ¿cómo es posible que en vista de los artículos del Tratado pueda llegar a decirse de los obreros que por ese Tratado son llamados a *gobernar el mundo* y a dictar reglas desde una oficina internacional? No. La conferencia internacional del Trabajo que se organizó con ese Tratado, que ya se reunió en Washington y a la cual asistió indebidamente Cuba, no es, ni más ni menos, que como ha calificado el Presidente Wilson a la Liga de las Naciones: «una influyente academia de debates», por más que aún nos sea permitido dudar de si en Cuba tal academia ha de alcanzar influencia alguna, mientras no cambien algún tanto nuestros métodos gubernamentales y nuestras orientaciones de cultura política y social.

Por eso, quizás, esa conferencia internacional del trabajo ha fracasado en la primera sesión, pues no han acudido a ella con sinceridad las representaciones obreras del mundo y no han concurrido tampoco los capitalistas. Por otra parte, no se puede olvidar que en esa conferencia internacional no se dictan resoluciones, ni se puede imponer a ningún gobierno una ley. Se debate sobre lo que podría hacerse, se redacta el consejo, y se remite a los Gobiernos para que éstos hagan lo que estimen conveniente. ¡No lisonjeemos, pues, desde el Gobierno a los obreros con palabras brillantes y huecas de significado como pompas de jabón, ni aplaudamos párrafos de oro para dorar y encubrir realidades de cartulina! (Aplausos.) Acaso el párrafo no aplaudido del señor Sánchez de Bustamante, si encierra una gran verdad, que a buen seguro ha llegado ya la hora en todos los países, como en Inglaterra y en Francia, según dijo el gran orador, en que el elemento obrero entre a formar parte de la Gobernación del Estado, como un medio de atenuar las fricciones de la injusticia entre todos los elementos, de conseguir una real y sincera solidaridad social, y de que los obreros también compartan las orientaciones y las responsabilidades del Poder con los demás factores de la sociedad organizada.

He de terminar. Hecha como está una opinión inconmovible en esos bancos, aprobaremos el Tratado de Paz como fuimos a la guerra, por deber nacional, por egoísmo sinceramente sentido, quizás elocuentemente explicado, pero sin entusiasmos populares. Vamos a ese Tratado de Paz como nos mantuvimos en la guerra: ron decoro y sin sacrificios, lejos del dolor, libres de la salpicadura de la sangre fecundante del porvenir. Vamos a el parto mundial como el Tratado mismo nos obliga a ir: con decencia, pero sin gloria.

Cuba seguirá, pues, su historia modesta sin haber sabido, querido o podido aprovechar los más trascendentales días del siglo. Cuando pudo engrandecer su nombre, sus gobernantes la mantuvieron en la pequeñez de sus espíritus. Cuando pudieron darle gloria, se conformaron con que tuviera dinero. Cuando pudo nuestra bandera ir a Europa como símbolo de fe por la libertad, era enarbolada en Cuba para encubrir una despótica usurpación del poder por parasitaria oligarquía. ¡Ojalá, como dijera el Presidente del Senado cubano en sesión solemne, ese Tratado de Paz sirva para borrar nuestras pasiones internas, de la misma manera que deben ser olvidadas las profundas pasiones nacionales en el exterior!

Cese en Cuba, como en Ultramar «la predicación del odio», como con frase feliz dijo ha poco, no un vencido, sino el más gallardo paladín de la mentalidad francesa, Anatole France, reclamando para el mundo nuevos tiempos de confraternidad y de concordia. Elevemos en Cuba los corazones a la altura de la justicia y nuestras pasiones a la de la civilización, y comprendamos que, así como el porvenir del mundo depende hoy del esfuerzo cordial de todos por una paz reparadora y por una intensa cooperación social, así sucede en nuestra patria conmovida. Si continuamos entregados a las ambiciones incultas y a los impulsos reaccionarios de la injusticia, nuestra situación en el mundo será más que modesta; seguiremos como hasta ahora, al borde del camino de la vida: perezosos, soñolientos, sin oír les gritos de las naciones que van marchando, y pidiendo, en harapos, una limosna de justicia y un respeto a nuestra soberanía, a las grandes naciones que al galope de su civilización nos van dejando atrás, en la senda del futuro, jadeantes y mordiendo el polvo del progreso que se aleja.

(Grandes aplausos.)

Libros a la carta

A la carta es un servicio especializado para

empresas,

librerías,

bibliotecas,

editoriales

y centros de enseñanza;

y permite confeccionar libros que, por su formato y concepción, sirven a los propósitos más específicos de estas instituciones.

Las empresas nos encargan ediciones personalizadas para marketing editorial o para regalos institucionales. Y los interesados solicitan, a título personal, ediciones antiguas, o no disponibles en el mercado; y las acompañan con notas y comentarios críticos.

Las ediciones tienen como apoyo un libro de estilo con todo tipo de referencias sobre los criterios de tratamiento tipográfico aplicados a nuestros libros que puede ser consultado en Linkgua-ediciones.com.

Linkgua edita por encargo diferentes versiones de una misma obra con distintos tratamientos ortotipográficos (actualizaciones de carácter divulgativo de un clásico, o versiones estrictamente fieles a la edición original de referencia).

Este servicio de ediciones a la carta le permitirá, si usted se dedica a la enseñanza, tener una forma de hacer pública su interpretación de un texto y, sobre una versión digitalizada «base», usted podrá introducir interpretaciones del texto fuente. Es un tópico que los profesores denuncien en clase los desmanes de una edición, o vayan comentando errores de interpretación de un texto y esta es una solución útil a esa necesidad del mundo académico.

Asimismo publicamos de manera sistemática, en un mismo catálogo, tesis doctorales y actas de congresos académicos, que son distribuidas a través de nuestra Web.

El servicio de «libros a la carta» funciona de dos formas.

1. Tenemos un fondo de libros digitalizados que usted puede personalizar en tiradas de al menos cinco ejemplares. Estas personalizaciones pueden ser de todo tipo: añadir notas de clase para uso de un grupo de estudiantes, introducir logos corporativos para uso con fines de marketing empresarial, etc. etc.

2. Buscamos libros descatalogados de otras editoriales y los reeditamos en tiradas cortas a petición de un cliente.